»Mit mir geht es zu Ende, ich kann nicht mehr lieben«, soll eine der letzten Äußerungen Else Lasker-Schülers vor ihrem Tod gewesen sein. Gerade ihre Liebesgedichte zeigen, wie mutig, wie rücksichtslos die Liebe sein kann. Für die Zeit der Liebe ist es aus mit dem Mittelmaß. Kein Alltag, nirgends. Liebe ist der einzige Beweis für die Einzigartigkeit des einzelnen. Liebe ist für Else Lasker-Schüler das Recht und der Wunsch, jemanden so sehr zu fordern, bis er den Ansprüchen des anderen zu gleichen beginnt. Die Liebende erschafft sich den Geliebten – und keine hat das so großartig gekonnt wie Else Lasker-Schüler. Ihre Gedichte zeigen uns, wie die Liebe sein kann: von der Einsamkeit des unerwiderten Begehrens bis zu ihrem verschwenderischen Überschwang.

Eva Demski hat für diese Ausgabe 100 Liebesgedichte der »größten Lyrikerin, die Deutschland je hatte« (Gottfried Benn), ausgewählt.

Else Lasker-Schüler, geboren 1869, veröffentlichte ihren ersten Gedichtband 1902; 1943 erschien als letzte zu ihren Lebzeiten publizierte Sammlung *Mein blaues Klavier.* 1932 erhielt sie für ihr Gesamtwerk den Kleist-Preis. 1933 flüchtete sie aus Deutschland ins Schweizer Exil; sie starb 1945 in Jerusalem.

Eva Demski, geboren 1944 in Regensburg, lebt in Frankfurt am Main. Ihr literarisches Werk wurde vielfach ausgezeichnet, 2008 erhielt Eva Demski den Preis der Frankfurter Anthologie. Im Insel Verlag erschien zuletzt: *Den Koffer trag ich selber. Erinnerungen.*

insel taschenbuch 4684

Else Lasker-Schüler

Wir Beide

Else Lasker-Schüler

Wir Beide

Die schönsten Liebesgedichte

Ausgewählt und mit einem Nachwort
versehen von Eva Demski

Insel Verlag

Die vorliegende Gedichtauswahl erschien unter dem Titel
Dein Herz ist wie die Nacht so hell 2002 im Jüdischen Verlag und 2003
unter dem Titel *Liebesgedichte* als insel taschenbuch (it 3083).

3. Auflage 2025

Erste Auflage 2018
insel taschenbuch 4684

Umschlaggestaltung: hißmann, heilmann, hamburg
Umschlagabbildung: Félix Vallotton, *Le mensonge* (Die Lüge), 1898
Foto: akg-images, Berlin
Satz: Satz-Offizin Hümmer GmbH, Waldbüttelbrunn
Druck: CPI books GmbH, Leck
Printed in Germany
ISBN 978-3-458-36384-2

Insel Verlag Anton Kippenberg GmbH & Co. KG
Torstraße 44, 10119 Berlin
info@insel-verlag.de
www.insel-verlag.de

Liebesgedichte

Für E.

Sinnenrausch

Dein sünd'ger Mund ist meine Totengruft,
Betäubend ist sein süßer Atemduft,
Denn meine Tugenden entschliefen.
Ich trinke sinnberauscht aus seiner Quelle
Und sinke willenlos in ihre Tiefen,
Verklärten Blickes in die Hölle.

Mein weißer Leib erglüht in seinem Hauch,
Er zittert, wie ein junger Rosenstrauch,
Geküßt vom warmen Maienregen.
– Ich folge Dir ins wilde Land der Sünde
Und pflücke Feuerlilien auf den Wegen.
– Wenn ich die Heimat auch nicht wiederfinde. –

Liebe

Weißt du, daß du gefesselt liegst
In meiner wilden Phantasie ...
Damit du mich mit Küssen besiegst
In den schwarzen Nächten, in der Dämm'rung früh.

Weißt du, wo die Anemonen stehn
Rotfunkelnd, wie ein Feuermeer ...
Ich hab' zu tief in die Kelche gesehn
Und lasse die Sünde nimmermehr.

Und wäre sie noch so thränenreich –
Und stürbst du in meiner sengenden Glut ...
Meine Hölle verbirgt dein Himmelreich,
Und zerschmelzen sollst du in meinem Blut.

Trieb

Es treiben mich brennende Lebensgewalten,
Gefühle, die ich nicht zügeln kann.
Und Gedanken, die sich zur Form gestalten,
Sie greifen mich wie Wölfe an.

Ich irre durch duftende Sonnentage ...
Und die Nacht erschüttert von meinem Schrei.
Meine Lust stöhnt wie eine Marterklage
Und reißt sich von ihrer Fessel frei.

Und schwebt auf zitternden, schimmernden Schwingen
Dem sonn'gen Thal in den jungen Schoß.
Und läßt sich von jedem Mai'nhauch bezwingen
Und giebt der Natur sich willenlos.

Brautwerbung

Ihr kennt ja All' die Liebe nicht
Die in mir glüht, die in mir stürmt
Wie unerfüllte Weltenpflicht.
Das Feuer hat sich aufgetürmt
In meiner Seele Einsamkeit
Und brennt wie Steppenbrand.

Du! mit dem roten jungen Mund ....
Du weichst zurück in banger Scheu?
Und nennst mein Fühlen ungesund.
Es blieb dem tiefen Drang getreu
Dem Mittage der Frühlingszeit
Im Sonnenland.

Du! mit den Augen jugendcharme ....
Du schlägst sie nieder angsterfüllt?
Und fürchtest, daß mein Flammenarm
Dich an sich reißt in Nächten wild.
Nimm dir zum Schatz den Erdenmann
Ihm friert selbst in der Sonne Glut.

Du! mit den Wangen südenbraun ....
Du zitterst wie die Frühlingsflur,
Auf deinem Leibe will ich bau'n
Den roten Garten der Natur
Und pflanzen all die Sehnsucht an
Aus meinem ungestümen Blut.

Morituri

Du hast ein dunk'les Lied mit meinem Blut
geschrieben –
Seitdem sind meine Lippen kalt und blaß.
Du hast mich aus dem Rosenparadies vertrieben!
Ich mußt' sie lassen, alle die mich lieben.
Gleich einem Vagabund zieh' ich fürbaß.

Und in den Nächten wenn die Rosen singen –
Dann brütet still der Tod – ich weiß nicht was ....
Ich möchte dir mein krankes Herze bringen
Den gift'gen Odem und mein mühsam Ringen,
Mein Weh und alles Kranke und den Haß.

Sehnsucht

Mein Liebster, bleibe bei mir die Nacht
Ich fürchte mich vor den dunklen Lüften.
Ich hab' so viel Schmerzliches durchgemacht
Und Erinnerung steigt aus den Totengrüften.
Ich fürchte mich vor dem Heulen der Stürme
Und dem Glockengeläute der Kirchentürme
Vor all' den Thränen, die heimlich fließen
Und sich über meine Sehnsucht ergießen.

Leg' deinen Arm um meinen Leib,
Du mußt ihn wie dein Kind umfassen. –
Ich seh' im Geiste ein junges Weib –
Das Weib bin ich – von Gott verlassen –
Mein Liebster, erzähle von heiteren Dingen!
Und ein Lied von Maienlust mußt du singen!
Und herzige Worte und schmeichelnde sagen .....
Damit sie die Raben des Schicksals verjagen.

Mein Liebster, siehst du die bleichen Gespenster?
Von mitternächtlichen Wolken getragen .....
Sie klopfen deutlich ans Erkerfenster.
Ein Sterbender will »Lebewol« mir sagen.
Ich möchte ihm Blüten vom Lebensbaum pflücken ...
Und die Schlingen zerreißen, die mich erdrücken!
Mein Liebster, küsse, – küß' mich in Gluten
Und laß deinen Jubelquell über mich fluten!

Die schwarze Bhowanéh

(Die Göttin der Nacht)
(Zigeunerlied)

Meine Lippen glühn
Und meine Arme breiten sich aus wie Flammen!
Du mußt mit mir nach Granada ziehn
In die Sonne, aus der meine Gluten stammen ....
Meine Ader schmerzt
Von der Wildheit meiner Säfte,
Von dem Toben meiner Kräfte.

Granatäpfel prangen
Wie die heißen Lippen der Nacht.
Rot, wie die Liebe der Nacht!
Wie der Brand meiner Wangen.

Auf dem dunklen Schein
Meiner Haut schillern Muscheln auf Schnüre gezogen.
Und Perlen, von sonnenfarb'gem Bernstein
Durchglühn meine Zöpfe wie Feuerwogen.
Meine Seele bebt,
Wie eine Erde bebt und sich aufthut
Dürstend nach Luft! nach säuselnder Flut ....

Heiße Winde stöhnen
Wie der Odem der Sehnsucht ....
Verheerend, wie die Qual der Sehnsucht ....
Und über die Felsen Granadas dröhnen
Die Lockrufe der schwarzen Bhowanéh!

Meine Schamröte

Du! sende mir nicht länger den Duft,
Den brennenden Balsam
Deiner süßen Gärten zur Nacht.
Auf meinen Wangen blutet die Scham
Und um mich zittert die Sommerluft.

Du .... wehe Kühle auf meine Wangen
Aus duftlosen, wunschlosen
Gräsern zur Nacht.
Nur nicht länger den Hauch deiner sehnenden Rosen,
Er quält meine Scham.

Ein Syrinxliedchen

Die Palmenblätter schnellen wie Viperzungen
In die Kelche der roten Gladiolen
Und die Mondsichel lacht
Wie ein Faunsaug' verstohlen.

Die Welt hält das Leben umschlungen
Im Strahl des Saturn
Und durch das Träumen der Nacht
Sprüht es purpurn.

Wir wollen uns im Schilfrohr
Mit Binsen aneinander binden.
Und mit der Morgenröte Frühlicht
Den Süden unserer Liebe ergründen.

Eifersucht

Denk' mal: wir beide
Zwischen feurigem Zigeunervolk
    Auf der Haide.
Ich zu deinen Füssen liegend,
Du, die Fiedel spielend,
Meine Seele einwiegend
Und der brennende Steppenwind
    Saust um uns!

... Aber die Mariennacht verschmerz' ich nicht ...
    Die Mariennacht!
Da ich dich sah
    Mit der Einen ....
Wie duftendes Schneien
Fielen die Blüten von den Bäumen.
    Die Mariennacht verschmerz' ich nicht ...
Die blonde Blume in deinen Armen nicht!

Nervus erotis

Dass uns nach all der heissen Tagesglut
Nicht eine Nacht gehört ...
Die Tuberosen färben sich mit meinem Blut.
Aus ihren Kelchen loderts brandrot!

Sag mir, ob auch in Nächten deine Seele schreit,
Wenn sie aus bangem Schlummer auffährt,
Wie wilde Vögel schreien durch die Nachtzeit.

Die ganze Welt scheint rot,
Als ob des Lebens weite Seele blutet.
Mein Herz stöhnt wie das Leid der Hungersnot,
Aus roten Geisteraugen stiert der Tod.

Sag mir, ob auch in Nächten deine Seele klagt
Vom starken Tuberosenduft umflutet,
Und an dem Nerv des bunten Traumes nagt.

Sulamith

O, ich lernte an Deinem süssen Munde
Zu viel der Seligkeiten kennen!
Schon fühl' ich die Lippen Gabriels
    Auf meinem Herzen brennen,
Und die Nachtwolke trinkt
Meinen tiefen Cederntraum.
O, wie Dein Leben mir winkt,
    Und ich vergehe
Mit blühendem Herzeleid!
Und verwehe im Weltraum,
    In Zeit,
    In Ewigkeit,
Und meine Seele verglüht in den Abendfarben
    Jerusalems.

Sterne des Fatums

Deine Augen harren vor meinem Leben
Wie Nächte, die sich nach Tagen sehnen,
Und der schwüle Traum liegt auf ihnen,
Unergründet.

Seltsame Sterne starren zur Erde,
Eisenfarb'ne mit Sehnsuchtsschweifen,
Mit brennenden Armen, die Liebe suchen
Und in die Kühle der Lüfte greifen.

Sterne, in denen das Schicksal mündet.

Frühling

Wir wollen wie der Mondenschein
Die stille Frühlingsnacht durchwachen,
Wir wollen wie zwei Kinder sein,
Du hüllst mich in Dein Leben ein
Und lehrst mich so, wie Du, zu lachen.

Ich sehnte mich nach Mutterlieb'
Und Vaterwort und Frühlingsspielen,
Den Fluch, der mich durch's Leben trieb,
Begann ich, da er bei mir blieb,
Wie einen treuen Feind zu lieben.

Nun blühn die Bäume seidenfein
Und Liebe duftet von den Zweigen.
Du musst mir Mutter und Vater sein
Und Frühlingsspiel und Schätzelein!
– – Und ganz mein Eigen . . .

Dann

.... Dann kam die Nacht mit Deinem Traum
Im stillen Sternebrennen.
Und der Tag zog lächelnd an mir vorbei,
Und die wilden Rosen atmeten kaum.

Nun sehn' ich mich nach Traumesmai,
Nach Deinem Liebeoffenbaren.
Möchte an Deinem Munde brennen
Eine Traumzeit von tausend Jahren.

Orgie

Der Abend küsste geheimnisvoll
        Die knospenden Oleander.
Wir spielten und bauten Tempel Apoll
Und taumelten sehnsuchtsübervoll
        Ineinander.
Und der Nachthimmel goss seinen schwarzen Duft
In die schwellenden Wellen der brütenden Luft,
        Und Jahrhunderte sanken
        Und reckten sich
    Und reihten sich wieder golden empor
    Zu sternenverschmiedeten Ranken.
Wir spielten mit dem glücklichsten Glück,
Mit den Früchten des Paradiesmai,
Und im wilden Gold Deines wirren Haars
Sang meine tiefe Sehnsucht
        Geschrei,
Wie ein schwarzer Urwaldvogel.
Und junge Himmel fielen herab,
Unersehnbare, wildsüsse Düfte;
Wir rissen uns die Hüllen ab
        Und schrieen!
Berauscht vom Most der Lüfte.
Ich knüpfte mich an Dein Leben an,
Bis dass es ganz in ihm zerrann,
Und immer wieder Gestalt nahm
Und immer wieder zerrann.

Und unsere Liebe jauchzte Gesang,
Zwei wilde Symphonieen!

Viva!

Mein Wünschen sprudelt in der Sehnsucht meines Blutes
Wie wilder Wein, der zwischen Feuerblättern glüht.
Ich wollte, Du und ich, wir wären eine Kraft,
Wir wären eines Blutes
Und ein Erfüllen, eine Leidenschaft,
Ein heisses Weltenliebeslied!

Ich wollte, Du und ich, wir würden uns verzweigen,
Wenn sonnentoll der Sommertag nach Regen schreit
Und Wetterwolken bersten in der Luft!
Und alles Leben wäre unser Eigen;
Den Tod selbst rissen wir aus seiner Gruft
Und jubelten durch seine Schweigsamkeit!

Ich wollte, dass aus unserer Kluft sich Massen
Wie Felsen aufeinandertürmen und vermünden
In einen Gipfel, unerreichbar weit!
Dass wir das Herz des Himmels ganz erfassen
Und uns in jedem Hauche finden
Und überstrahlen alle Ewigkeit!

Ein Feiertag, an dem wir ineinanderrauschen,
Wir beide ineinanderstürzen werden,
Wie Quellen, die aus steiler Felshöh' sich ergiessen
In Wellen, die dem eignen Singen lauschen
Und plötzlich niederbrausen und zusammenfliessen
In unzertrennbar, wilden Wasserheerden!

Eros

O, ich liebte ihn endlos!
Lag vor seinen Knie'n
Und klagte Eros
    Meine Sehnsucht.
O, ich liebte ihn fassungslos.
Wie eine Sommernacht
    Sank mein Kopf
Blutschwarz auf seinen Schoss
Und meine Arme umloderten ihn.
Nie schürte sich so mein Blut zu Bränden,
Gab mein Leben hin seinen Händen,
Und er hob mich aus schwerem Dämmerweh.
Und alle Sonnen sangen Feuerlieder
    Und meine Glieder
  Glichen
    Irrgewordenen Lilien.

Dein Sturmlied

Brause Dein Sturmlied Du!
Durch meine Liebe,
Durch mein brennendes All.
Verheerend, begehrend,
    Dröhnend wiedertönend
    Wie Donnerhall!

Brause Dein Sturmlied Du!
Und lösche meine Feuersbrunst,
Denn ich ersticke in Flammendunst.
Mann mit den ehernen Zeusaugen,
    Grolle Gewitter,
Entlade Wolken auf mich.
Und wie eine Hochsommererde
    Werde ich
    Aufsehnend
Die Ströme einsaugen.
Brause Dein Sturmlied Du!

Lenzleid

Dass Du Lenz gefühlt hast
Unter meiner Winterhülle,
Dass Du den Lenz erkannt hast
        In meiner Todstille.
Nicht wahr, das ist Gram
Winter sein, eh' der Sommer kam,
Eh' der Lenz sich ausgejauchzt hat.

O, Du! schenk' mir Deinen gold'nen Tag
Von Deines Blutes blühendem Rot.
Meine Seele friert vor Hunger,
Ist satt vom Reif.
O, Du! giesse Dein Lenzblut
        Durch meine Starre,
Durch meinen Scheintod.
        Sieh, ich harre
Schon Ewigkeiten auf Dich!

Verdammnis

Krallen reissen meine Glieder auf
Und Lippen nagen an meinem Traumschlaf.
Weh Deinem Schicksal und dem meinen,
Das sich im Zeichen böser Sterne traf.
Meine Sehnsucht schreit zu diesen Sternen auf
Und erstarrt im Morgenscheinen –
    Und ich weine
    Zu den Höllen.

Schenk' mir Deine Arme eine Nacht,
Die so frischen Odem strömen
Wie zwei nordische Meereswellen.
Dass, wenn ich aus Finsternis erwacht,
Mich nicht böse Geister treten,
Ich nicht einsam bin mit meinem Grämen.
Zu den Himmeln fleh' ich jede Nacht,
Doch der Satan hetzt die Teufel auf mein Beten.

Mein Drama

Mit allen duftsüssen Scharlachblumen
Hat er mich gelockt,
Keine Nacht mehr hielt ich es im engen Zimmer aus,
Liebeskrumen stahl ich mir vor seinem Haus
Und sog mein Leben, ihn ersehnend, aus.
Es weint ein blasser Engel leis' in mir
Versteckt – ich glaube tief in meiner Seele,
        Er fürchtet sich vor mir.
Im wilden Wetter sah ich mein Gesicht!
Ich weiss nicht wo, vielleicht im dunklen Blitz,
Mein Auge stand wie Winternacht im Antlitz,
Nie sah ich grimmigeres Leid.
... Mit allen duftsüssen Scharlachblumen
        Hat er mich gelockt,
Es regt sich wieder weh in meiner Seele
Und leitet mich durch all' Erinnern weit.
Sei still, mein wilder Engel mein,
        Gott weine nicht
    Und schweige von dem Leid,
Mein Schmerzen soll sich nicht entladen,
Keinen Glauben hab' ich mehr an Weib und Mann,
Den Faden, der mich hielt mit allem Leben,
Hab' ich der Welt zurückgegeben
        Freiwillig!
Aus allen Sphinxgesteinen wird mein Leiden brennen,
Um alles Blühen lohen, wie ein dunkler Bann.

Ich sehne mich nach meiner blind verstoss'nen
Einsamkeit,
Trostsuchend, wie mein Kind, sie zu umfassen,
Lernte meinen Leib, mein Herzblut und ihn hassen,
Nie so das Evablut kennen
Wie in Dir, Mann!

Fortissimo

Du spieltest ein ungestümes Lied,
Ich fürchtete mich nach dem Namen zu fragen,
Ich wusste, er würde das alles sagen,
Was zwischen uns wie Lava glüht.

Da mischte sich die Natur hinein
In unsere stumme Herzensgeschichte,
Der Mondvater lachte mit Vollbackenschein,
Als machte er komische Liebesgedichte.

Wir lachten heimlich im Herzensgrund,
Doch unsere Augen standen in Thränen
Und die Farben des Teppichs spielten bunt
In Regenbogenfarbentönen.

Wir hatten beide dasselbe Gefühl,
Der Smyrnateppich wäre ein Rasen,
Und die Palmen über uns fächelten kühl,
Und unsere Sehnsucht begann zu rasen.

Und unsere Sehnsucht riss sich los
Und jagte uns mit Blutsturmwellen:
Wir sanken in das Smyrnamoos
Urwild und schrieen wie Gazellen.

Ἀθανατοι

Du, ich liebe Dich grenzenlos!
Ueber alles Lieben, über alles Hassen!
Möchte Dich wie einen Edelstein
In die Strahlen meiner Seele fassen.
Leg' Deine Träume in meinen Schoss,
Ich liess ihn mit goldenen Mauern umschliessen
Und ihn mit süssen griechischem Wein
Und mit dem Oele der Rosen begiessen.

O, ich flog nach Dir wie ein Vogel aus,
In Wüstenstürmen, in Meereswinden,
In meiner Tage Sonnenrot,
In meiner Nächte Stern Dich zu finden.
Du! breite die Kraft Deines Willens aus,
Dass wir über alle Herbste schweben,
Und Immergrün schlingen wir um den Tod
Und geben ihm Leben.

Schuld

Als wir uns gestern gegenübersassen,
Erschrak ich über Deine Blässe,
Ueber die Leidenslinie Deiner Wange.
Da kam's, dass meine Gedanken mich vergassen
Ueber der Leidenslinie Deiner Wange.

Es trafen unsere Blicke sich wie Sternenfragen,
Es war ein goldenes Hin- und Herverweben
Und Deine Augen glichen seid'nen Mädchenaugen.
Du öffnetest die Lippen, mir zu sagen .....
Und meine Seele färbte sich in Matt,
Dumpf läutete noch einmal Brand mein Leben
Und schrumpfte dann zusammen wie ein Blatt.

Unglücklicher Hass

(Versrelief)

Du! Mein Böses liebt Dich
Und meine Seele steht
Furchtbarer über Dir,
Wie der drohendste Stern über Herculanum.
Wie eine Wildkatze springt
Mein Böses aus mir,
Und beisst nach Dir.
        Entrissen
Von Liebesküssen
Aber taumelst Du
In Armen bekränzter Hetären
Durch rosenduftender Sphären
        Rauschgesang.

Nachts schleichen Hyänen,
Wie brütende Finsternisse
Hungrig über meine Träume
Im Wutglüh'n meiner Thränen.

Hundstage

Ich will Deiner schweifenden Augen Ziel wissen
Und Deiner flatternden Lippen Begehr,
Denn so ertrag' ich das Leben nicht mehr,
Von der Tollwut der Zweifel zerbissen.

.... Wie friedvoll die Malvenblüten starben
Unter süssen Himmeln der Lenznacht –
Ich war noch ein Kind, als sie starben.

Hab' so still in der Seele Gottes geruht –
Möcht' mich nun in rasendes Meer stürzen
Von schreiendem Herzblut!

Melodie

Deine Augen legen sich in meine Augen
Und nie war mein Leben so in Banden,
Nie hat es so tief in Dir gestanden
Es so wehrlos tief.

Und unter Deinen schattigen Träumen
Trinkt mein Anemonenherz den Wind zur Nachtzeit,
Und ich wandle blühend durch die Gärten
Deiner stillen Einsamkeit.

Elegie

Du warst mein Hyazinthentraum,
Bist heute noch mein süssestes Sehnen,
Aber mein Wünschen zittert durch Thränen
Und meine Hoffnung klagt vom Trauereschenbaum.

Tausend Wunschjahre lag ich vor Deinen Knieen,
Meine Gedanken sprudelten wie junge Weine,
Ein Venussehnen lag vor Deinen Knieen!

Zwei Sommer hielten wir uns schwer umfangen,
Ich tauchte in den goldenen Strudel Deiner
Schelmenlaune
Bis aus den späten Nächten unsere Sterbeglocken
klangen.

Und Neide schlichen heimlich, ihre Geil zu rächen,
Die Wolken drohten wild wie schwarze Posaunen,
Wir träumten beide einen Schmerzenstraum:
Zwei böse Sterne fielen in derselben Nacht
Und wir erblindeten in ihrem Stechen.

Der erste Blick, der uns zu eins gehämmert,
Er quälte sich bis in die Morgenstunden,
Bis weh das Herz des Ostens aufgedämmert.

Da sprangen alle grausigen Sagen auf,
Träumte nur noch Plagen,

Alle Plagen erdrosselten mich
Und reissende Hasse kamen
Und verheerten
Die Haine unserer jung gestorbenen Liebe.
Und wehrten meiner Seele Flucht zu Gott,
Gramjahre bebte ich hin,
Krankte zurück,
Kein Himmel beugte sich zu meinem Harme!
Durch alle Sümpfe schleift' ich mein verhungert Glück,
Und warf mich müd dem Satan in die Arme.

Weltende

Es ist ein Weinen in der Welt,
als ob der liebe Gott gestorben wär,
und der bleierne Schatten, der niederfällt,
lastet grabesschwer.

Komm, wir wollen uns näher verbergen ...
Das Leben liegt in aller Herzen
wie in Särgen.

Du, wir wollen uns tief küssen ...
Es pocht eine Sehnsucht an die Welt,
an der wir sterben müssen.

Wir Beide

Der Abend weht Sehnen aus Blütensüße,
Und auf den Bergen brennt wie Silberdiamant der Reif,
Und Engelköpfchen gucken überm Himmelstreif,
Und wir Beide sind im Paradiese.

Und uns gehört das ganze bunte Leben,
Das blaue, große Bilderbuch mit Sternen,
Mit Wolkentieren, die sich jagen in den Fernen
Und hei! die Kreiselwinde, die uns drehn und heben!

Der liebe Gott träumt seinen Kindertraum
Vom Paradies – von seinen zwei Gespielen,
Und große Blumen sehn uns an von Dornenstielen ....

Die düstere Erde hing noch grün am Baum.

Liebesflug

Drei Stürme liebt ich ihn eher, wie er mich,
Jäh schrien seine Lippen,
Wie der geöffnete Erdmund!
Und Gärten berauschten an Mairegen sich.

Und wir griffen unsere Hände,
Die verlöteten wie Ringe sich.
Und er sprang mit mir auf die Lüfte
Gotthin, bis der Atem verstrich.

Dann kam ein leuchtender Sommertag,
Wie eine glückselige Mutter.
Und die Mädchen blickten schwärmerisch,
Nur meine Seele lag müd und zag.

Nachklänge

Auf den harten Linien
Meiner Siege
Lass ich meine späte Liebe tanzen.

Herzauf, seelehin,
Tanze, tanze meine späte Liebe,
Und ich lächle schwer vergessene Lieder.

Und mein Blut beginnt zu wittern
Sich zu sehnen
Und zu flattern.

Schon vor Sternzeiten
Wünschte ich mir diese blaue
Helle, leuchteblaue Liebe.

Deine Augen singen
Schönheit,
Duftende Schönheit ......

Auf den harten Linien
Meiner Siege
Lasse ich meine späte Liebe tanzen.

Und ich schwinge sie –
Fangt auf Ihr Rosenhimmel!
Auf und nieder!

Tanze, tanze meine späte Liebe,
Herzab, seelehin –
Arglos über stille Tiefen ......
Ueber mein bezwungenes Leben.

Die Liebe

Es rauscht durch unseren Schlaf
Ein feines Wehen wie Seide,
Wie pochendes Erblühen
Über uns beide.

Und ich werde heimwärts
Von Deinem Atem getragen,
Durch verzauberte Märchen,
Durch verschüttete Sagen.

Und mein Dornenlächeln spielt
Mit Deinen urtiefen Zügen,
Und es kommen die Erden
Sich an uns zu schmiegen.

Es rauscht durch unseren Schlaf
Ein feines Wehen wie Seide –
Der weltalte Traum
Segnet uns beide.

Traum

Der Schlaf entführte mich in Deine Gärten,
In Deinen Traum – die Nacht war wolkenschwarz
umwunden –
Wie düstere Erden starrten Deine Augenrunden,
Und Deine Blicke waren Härten.

Und zwischen uns lag eine weite, steife,
Tonlose Ebene ....
Und meine Sehnsucht hingegebene,
Küßt Deinen Mund, die blassen Lippenstreife.

Eva

Du hast Deinen Kopf tief über mich gesenkt,
Deinen Kopf mit den goldenen Lenzhaaren,
Und Deine Lippen sind von rosiger Seidenweichheit,
Wie die Blüten der Bäume Edens waren.

Und die keimende Liebe ist meine Seele,
O, meine Seele ist das vertriebene Sehnen,
Und Du zitterst von Ahnungen
Und weißt nicht, warum Deine Träume stöhnen.

Und ich liege schwer auf Deinem Leben,
Wie eine tausendstämmige Erinnerung.
Und Du bist so blindjung, so adamjung ....
Du hast Deinen Kopf tief über mich gesenkt.

Unser Liebeslied

Der Schlanken in Grazie

Laß die kleinen Sterne stehn,
Lenzseits winken junge Matten
Meiner Welten, die nichts wissen vom Geschehn.

Und wir wollen unter Pinien
Heimlich beide umschlungen gehn,
In die blaue Allmacht sehn.

Und von roten Abendlinien
Blicken Marmorwolkenfresken
Uns verzückte Arabesken.

Zwischen Garben
Und Schilfrohrruten
Steigen Schlummer auf aus Farben.

Du . . . . mein Nacken ist ein Mattgold-Abendfluten
Gleite, gleite Wildschwane.

Erfüllung

Wir sitzen traurig Hand in Hand,
Die gelbe Sonnenrose,
Die strahlende Braut Gottes,
Leuchtet erdenabgewandt .....

Und wie golden ihr Blick war!
Und unsere Augen weiten
Sich fragend wie Kinderaugen,
Weiß liegt die Sehnsucht schon auf unserm Haar.

Und zwischen den kahlen Buchen
Steigen ruhelose Dunkelheiten,
Auferstandene Nächte,
Die ihre weinenden Tage suchen.

Und es schließen sich wie Rosen
Unsere Hände. Du, wir wollen
Wie junge Himmel uns lieben
Im Kranz von grauen Grenzenlosen.

Ein tiefer Sommer wird schweben
Auf laubigen Flügeln zur Erde,
Und eine rauschende Süße
Strömt durch das schwermütige Leben.

Und was werden wir beide spielen .....
Wir halten uns jauchzend umschlungen
Und kugeln uns über die Erde,
    Über die Erde.

Als ich noch im Flügelkleide ...

Unter süßem Veilchenhimmel
Ist unsere Liebe aufgegangen,
Und ich suche allerwegen
Nach Dir und Deinen Morgenwangen.

Und den Ringelrangelhaaren
Rötlichblonden Rosenlocken,
Und den frühlingshellen Augen,
Die so frischfreifrohfrohlocken.

Zwischen dicken Gummipflanzen
Lauern hinter Irdentöpfen
Strickpicknadelspitze Augen
Tüksch aus bitteren Frauenköpfen.

Daß die beiden alten Damen
Hinter unsere Liebe kamen
Und Dich in Gewahrsam nahmen,
Sind die Dramen unserer Herzen.

Mein Liebeslied

Wie ein heimlicher Brunnen
Murmelt mein Blut,
Immer von Dir, immer von mir.
Unter dem taumelnden Mond
Tanzen meine nackten, suchenden Träume,
Nachtwandelnde, fiebernde Kinder,
Leise über düstere Hecken.
O, Deine Lippen sind sonnig . . . .
Diese Rauschedüfte Deiner Lippen . . . .
Und aus blauen Dolden, silberumringt
Lächelst Du . . . Du, Du.
Immer das schlängelnde Geriesel
        Auf meiner Haut
Über die Schulter hinweg –
        Ich lausche . . . .
Wie ein heimlicher Brunnen
Murmelt mein Blut . . .

Heim

Unsere Zimmer haben blaue Wände,
Und wir wandeln leisehin durch Himmelweiten,
Und am Abend legen Innigkeiten
Mit Engelaugen ineinander unsere Hände.

Und wir erzählen uns Geschichten,
Bis der Morgen kommt, in Silberglocken
Und dem Dämmersteine in den Locken,
Der Sonne winkt durchs Tor von Wolkenschichten.

Und wie sie tanzt auf unseren wiesenhellen
Teppichen; leicht über sanftverschlungene
Blumenstiele!
Zum Liebeslauschen laden unsere Stühle,
Und von den Pfeilern fallen Seidenquellen.

⟨*Abdul Antinous*⟩

Deine Schlankheit fliesst wie dunkles Geschmeide.
O, du meine wilde Mitternachtssonne
Küsse mein Herz meine rotpochende Erde.

Wie gross aufgetan deine Augen sind
Du hast den Himmel gesehn
So nah so tief.

Und ich habe auf deiner Schulter
Mein Land gebaut –
Wo bist du?

Zögernd wie dein Fuss ist der Weg –
Sterne werden meine Blutstropfen ....
Du ich liebe dich, ich liebe dich.

Aber ich finde dich nicht mehr ......

Ich gleite meinen lallenden Händen nach
Die suchen überall nach dir.

Aber ich finde dich nicht mehr
Unter den Dattelbäumen
Unter den Zweigen der Träume.

Alle meine starren Kronen sind zerflossen
Vor deinem Lächeln
Und zwischen unseren Lippen jauchzten die Engel.

Ich will meine Augen nicht mehr öffnen
Wenn sie sich nicht
Mit deiner Süsse füllen.

Heimlich zur Nacht

Ich habe dich gewählt
Unter allen Sternen.

Und bin wach – eine lauschende Blume
Im summenden Laub.

Unsere Lippen wollen Honig bereiten
Unsere schimmernden Nächte sind aufgeblüht.

An dem seligen Glanz deines Leibes
Zündet mein Herz seine Himmel an –

Alle meine Träume hängen an deinem Golde
Ich habe dich gewählt unter allen Sternen.

Wenn du kommst –

Wollen wir den Tag im Kelch der Nacht verstecken,
Denn wir sehnen uns nach Nacht.
Goldene Sterne sind unsere Leiber
Die wollen sich küssen – küssen.

Spürst du den Duft der schlummernden Rosen
Über die dunklen Rasen –
So soll unsere Nacht sein.
Küssen wollen sich unsere goldenen Leiber.

Immer sinke ich in Nacht zur Nacht.
Alle Himmel blühen dicht von funkelnder Liebe.
Küssen wollen sich unsere Leiber, küssen – küssen.

Ich träume so leise von dir – – –

Immer kommen am Morgen schmerzliche Farben,
Die sind, wie deine Seele.

O, ich muss an dich denken
Und überall blühen so traurige Augen.

Und ich habe dir doch von grossen Sternen erzählt,
Aber du hast zur Erde gesehn.

Nächte wachsen aus meinem Kopf,
Ich weiss nicht wo ich hin soll.

Ich träume so leise von dir –
Weiss hängt die Seide schon über meinen Augen.

Warum hast du nicht um mich
Die Erde gelassen – sage ? . . . . . .

Ich glaube wir ......

Ich glaube wir werden uns niemehr wiedersehn –
Der Morgen versteckt sein Auge vor mir.

Ich habe zu lange auf Knieen gelegen
Vor deinem dämmernden Schweigen.

O, unsere Lippen sehnen sich nach Spielen –
Wir hätten uns blühend geküsst unter den grossen
Sternen.

Totenschleier umhüllen
Die goldglänzenden Glieder des Himmels.
Ich glaube wir werden uns niemehr wiedersehn.

Du es ist Nacht –

Wir wollen unsere Sehnsucht teilen,
Und in die Goldgebilde blicken . .

Auf der Strasse sitzt immer eine Tote
Und bettelt um Almosen.

Und summt meine Lieder
Schon einen weissgewordenen Sommer lang.

Über den Grabweg hinweg
Wollen wir uns lieben,

Tollkühne Knaben,
Könige, die sich nur mit dem Szepter berühren.

– Frage nicht – ich lausche
Deiner Augen Rauschehonig.

Die Nacht ist eine weiche Rose
Wir wollen uns in ihren Kelch legen,

Immer ferner versinken,
Ich bin müde vom Tod.

Wenn ich nicht bald eine blaue Insel finde . . . .
Erzähle mir von ihren Wundern!!

Siehst du mich –

Zwischen Erde und Himmel?
Nie ging einer über meinem Pfad

Aber dein Antlitz wärmt meine Welt
Von dir geht alles Blühen aus.

Wenn du mich ansiehst,
Wird mein Herz süß.

Ich liege unter deinem Lächeln
Und lerne Tag und Nacht bereiten

Dich hinzaubern und vergehen lassen,
Immer spiele ich das eine Spiel.

Ein Liebeslied

Aus goldenem Odem
Erschufen uns Himmel.
O, wie wir uns lieben ....

Vögel werden Knospen an den Aesten,
Und Rosen flattern auf.

Immer suche ich nach deinen Lippen
Hinter tausend Küssen.

Eine Nacht aus Gold ..
Sterne aus Nacht ..
Niemand sieht uns.

Kommt das Licht mit dem Grün,
Schlummern wir.
Nur unsere Schultern spielen noch wie Falter.

Ein Trauerlied

Eine schwarze Taube ist die Nacht
... Du denkst so sanft an mich.

Ich weiß, dein Herz ist still,
Mein Name steht auf seinem Saum.

Die Leiden, die dir gehören
Kommen zu mir.

Die Seligkeiten, die dich suchen
Sammele ich unberührt.

So trage ich die Blüten deines Lebens
Weiter fort.

Und möchte doch mit dir stille stehn;
Zwei Zeiger auf dem Zifferblatt.

O, alle Küsse sollen schweigen
Auf beschienenen Lippen liebentlang.

Niemehr soll es früh werden,
Da man deine Jugend brach.

In deiner Schläfe
Starb ein Paradies.

Mögen sich die Traurigen
Die Sonne in den Tag malen.

Und die Trauernden
Schimmer auf ihre Wangen legen.

Im schwarzen Wolkenkelche
Steht die Mondknospe.

... Du denkst so sanft an mich.

Mein Liebeslied

Auf deinen Wangen liegen
Goldene Tauben.

Aber dein Herz ist ein Wirbelwind,
Dein Blut rauscht, wie mein Blut –

Süß
An Himbeersträuchern vorbei.

O, ich denke an dich – –
Die Nacht frage nur.

Niemand kann so schön
Mit deinen Händen spielen,

Schlösser bauen, wie ich
Aus Goldfinger;

Burgen mit hohen Türmen!
Strandräuber sind wir dann.

Wenn du da bist,
Bin ich immer reich.

Du nimmst mich so zu dir,
Ich sehe dein Herz sternen.

Schillernde Eidechsen
Sind deine Geweide.

Du bist ganz aus Gold –
Alle Lippen halten den Atem an.

Ich bin traurig ....

Deine Küsse dunkeln, auf meinem Mund.
Du hast mich nicht mehr lieb.

Und wie du kamst – !
Blau vor Paradies.

Um deinen süsesten Brunnen
Gaukelte mein Herz.

Nun will ich es schminken,
Wie die Freudenmädchen
Die welke Rose ihrer Lende röten.

Unsere Augen sind halb geschlossen,
Wie sterbende Himmel –

Alt ist der Mond geworden.
Die Nacht wird nicht mehr wach.

Du erinnerst dich meiner kaum.
Wo soll ich mit meinem Herzen hin?

Die Liebe

Verstecke mich in deinem Süßblut
Nähe mich in den Saum deiner Haut ein.

Immer tragen wir Herz vom Herzen uns zu.
Pochende Naht
Hält unsere Schwellen vereint.

Wo mag der Tod mein Herz lassen?
In einem Brunnen, der fremd rauscht –

In einem Garten, der steinern steht –
Er wird es in einen reißenden Fluß werfen.

Mir bangt vor der Nacht
Daran kein Stern hängt.

Denn unzählige Sterne meines Herzens
Vergolden deinen Blutspiegel.

Liebe ist aus unserer Liebe vielfältig erblüht.
Wo mag der Tod mein Herz lassen?

Ankunft

Ich bin am Ziel meines Herzens angelangt
Weiter führt kein Strahl.
Hinter mir laß ich die Welt
Fliegen die Sterne auf: Goldene Vögel.

Hißt der Mondturm die Dunkelheit –
.... O, wie mich leise eine süße Weise betönt ...
Aber meine Schultern heben sich, hochmütige Kuppeln.

Ein Lied der Liebe

Seit du nicht da bist
Ist die Stadt dunkel.

Ich sammle die Schatten
Der Palmen auf,
Darunter du wandeltest.

Immer muß ich eine Melodie summen
Die hängt lächelnd an den Aesten.

Du liebst mich wieder –
Wem soll ich mein Entzücken sagen?

Einer Waise oder einem Hochzeitler,
Der im Widerhall das Glück hört.

Ich weiß immer
Wann du an mich denkst.

Dann wird mein Herz ein Kind
Und schreit.

An jedem Tor der Straße
Verweile ich und träume;

Ich helfe der Sonne deine Schönheit malen
An allen Wänden der Häuser.

Aber ich magere
An deinem Bilde.

Um schlanke Säulen schlinge ich mich
Bis sie schwanken.

Ueberall steht Wildedel
Die Blüten unseres Blutes.

Wir tauchen in heilige Moose,
Die aus der Wolle goldener Lämmer sind.

Wenn doch ein Tiger
Seinen Leib streckte

Ueber die Ferne, die uns trennt
Wie zu einem nahen Stern.

Auf meinem Angesicht
Liegt früh dein Hauch.

Leise sagen –

Du nahmst dir alle Sterne
Ueber meinem Herzen.

Meine Gedanken kräuseln sich
Ich muß tanzen.

Immer tust du das, was mich aufschauen läßt,
Mein Leben zu müden.

Ich kann den Abend nicht mehr
Ueber die Hecken tragen.

Im Spiegel der Bäche
Finde ich mein Bild nicht mehr.

Dem Erzengel hast du
Die schwebenden Augen gestohlen.

Aber ich nasche vom Seim
Ihrer Bläue.

Mein Herz geht langsam unter
Ich weiß nicht wo –

Vielleicht in deiner Hand.
Ueberall greift sie an mein Gewebe.

Versöhnung

Es wird ein großer Stern in meinen Schoß fallen …
Wir wollen wachen die Nacht,

In den Sprachen beten
Die wie Harfen eingeschnitten sind.

Wir wollen uns versöhnen die Nacht –
So viel Gott strömt über.

Kinder sind unsere Herzen,
Die möchten ruhen müdesüß.

Und unsere Lippen wollen sich küssen,
Was zagst du?

Grenzt nicht mein Herz an deins –
Immer färbt dein Blut meine Wangen rot.

Wir wollen uns versöhnen die Nacht,
Wenn wir uns herzen, sterben wir nicht.

Es wird ein großer Stern in meinen Schoß fallen.

In deine Augen ....

Blau wird es in deinen Augen –
Aber warum zittert all mein Herz
Vor deinen Himmeln.

Nebel liegt auf meiner Wange
Und mein Herz beugt sich zum Untergange.

Von weit

Dein Herz ist wie die Nacht so hell,
Ich kann es sehn
– Du denkst an mich – es bleiben alle Sterne stehn.

Und wie der Mond von Gold dein Leib
Dahin so schnell
Von weit er scheint.

Ein alter Tibetteppich

Deine Seele, die die meine liebet
Ist verwirkt mit ihr im Teppichtibet

Strahl in Strahl, verliebte Farben,
Sterne, die sich himmellang umwarben.

Unsere Füsse ruhen auf der Kostbarkeit
Maschentausendabertausendweit.

Süsser Lamasohn auf Moschuspflanzentron
Wie lange küsst dein Mund den meinen wohl
Und Wang die Wange buntgeknüpfte Zeiten schon.

Dem Barbaren

Deine rauhen Blutstropfen
Süßen auf meiner Haut.

Nenne meine Augen nicht Verräterinnen
Da sie deine Himmel umschweben;

Ich lehne lächelnd an deiner Nacht
Und lehre deine Sterne spielen.

Und trete singend durch das rostige Tor
Deiner Seligkeit.

Ich liebe dich und nahe weiß
Und verklärt auf Wallfahrtzehen.

Trage dein hochmütiges Herz,
Den reinen Kelch den Engeln entgegen.

Ich liebe dich wie nach dem Tode
Und meine Seele liegt über dich gebreitet –

Meine Seele fing alle Leiden auf,
Dich erschüttern ihre schmerzlichen Bilder.

Aber so viele Rosen blühen
Die ich dir schenken will;

O, ich möchte dir alle Gärten bringen
In einem Kranz.

Immer denke ich an dich
Bis die Wolken sinken;

Wir wollen uns küssen –
Nicht?

Dem Barbaren

Ich liege in den Nächten
Auf deinem Angesicht.

Auf deines Leibes Steppe
Pflanze ich Cedern und Mandelbäume.

Ich wühle in deiner Brust unermüdlich
Nach den goldenen Freuden Pharaos.

Aber deine Lippen sind schwer,
Meine Wunder erlösen sie nicht.

Hebe doch deine Schneehimmel
Von meiner Seele –

Deine diamantnen Träume
Schneiden meine Adern auf.

Ich bin Joseph und trage einen süssen Gürtel
Um meine bunte Haut.

Dich beglückt das erschrockene Rauschen
Meiner Muscheln.

Aber mein Herz lässt keine Meere mehr ein.
O du!!

Mein Herz heult schon über deine rauhen Ebenen
Und verscheucht meine seligen Sterne.

Dem Prinzen von Marokko

O, du Süssgeliebter, dein Angesicht ist mein
Palmengarten,
Deine Augen sind schimmernde Nile
Lässig um meinen Tanz.

In deinem Angesicht sind verzaubert
Alle die Bilder meines Blutes,
Alle die Nächte, die sich in mir gespiegelt haben.

Wenn deine Lippen sich öffnen
Verraten sie meine Seligkeiten.

Immer dieses Pochen nach dir –
Und hatte schon geopfert meine Seele.

Du mußt mich inbrünstig küssen,
Süsserlei Herzspiel;
Wir wollen uns im Himmel verstecken.

O, du Süssgeliebter.

⟨*An den Gralprinzen*⟩

Wenn wir uns ansehn
Blühn unsere Augen.

Und wie wir staunen
Vor unseren Wundern – nicht?
Und alles wird so süß.

Von Sternen sind wir eingerahmt
Und flüchten aus der Welt.

Ich glaube wir sind Engel.

⟨*An den Prinzen Tristan*⟩

Auf deiner blauen Seele
Setzen sich die Sterne zur Nacht.

Man muß leise mit dir sein,
O, du mein Tempel,
Meine Gebete erschrecken dich;

Meine Perlen werden wach
Von meinem heiligen Tanz.

Es ist nicht Tag und nicht Stern,
Ich kenne die Welt nicht mehr,
Nur dich – alles ist Himmel.

⟨An den Ritter aus Gold⟩

Du bist alles was aus Gold ist
In der großen Welt.

Ich suche deine Sterne
Und will nicht schlafen.

Wir wollen uns hinter Hecken legen
Uns niemehr aufrichten.

Aus unseren Händen
Süße Träumerei küssen.

Mein Herz holt sich
Von deinem Munde Rosen.

Meine Augen lieben dich an,
Du haschst nach ihren Faltern.

Was soll ich tun,
Wenn du nicht da bist.

Von meinen Lidern
Tropft schwarzer Schnee;

Wenn ich tot bin,
Spiele du mit meiner Seele.

Giselheer dem Tiger

Über dein Gesicht schleichen die Dschungeln.
O, wie du bist!

Deine Tigeraugen sind süß geworden
In der Sonne.

Ich trag dich immer herum
Zwischen meinen Zähnen.

Du mein Indianerbuch,
Wild West,
Siouxhäuptling!

Im Zwielicht schmachte ich
Gebunden am Buxbaumstamm –

Ich kann nicht mehr sein
Ohne das Scalpspiel.

Rote Küsse malen deine Messer
Auf meine Brust –

Bis mein Haar an deinem Gürtel flattert.

An den Herzog von Vineta

Der Himmel trägt im Wolkengürtel
den gebogenen Mond.

Unter dem Sichelbild
will ich in deiner Hand ruhn.

Immer muß ich wie der Sturm will
bin ein Meer ohne Strand.

Aber seit du meine Muscheln suchst,
leuchtet mein Herz.

Das liegt auf meinem Grund
verzaubert.

Vielleicht ist mein Herz die Welt
pocht –

und sucht nur noch dich –
wie soll ich dich rufen?

Giselheer dem Heiden

Ich weine –
Meine Träume fallen in die Welt.

In meine Dunkelheit
Wagt sich kein Hirte.

Meine Augen zeigen nicht den Weg
Wie die Sterne.

Immer bettle ich vor deiner Seele;
Weißt du das?

Wär ich doch blind –
Dächte dann, ich läg in deinem Leib.

Alle Blüten täte ich
Zu deinem Blut.

Ich bin vielreich
Niemand kann mich pflücken;

Oder meine Gabeln tragen
Heim.

Ich will dich ganz zart mich lehren;
Schon weißt du mich zu nennen.

Sieh meine Farben,
Schwarz und stern

Und mag den kühlen Tag nicht,
Der hat ein Glasauge.

Giselheer dem Knaben

An meiner Wimper hängt ein Stern,
Es ist hell
Wie soll ich schlafen –

Und möchte mit dir spielen.
– Ich habe keine Heimat –
Wir spielen König und Prinz.

Ich bin dein Prinz
Dein Leib ist hold
Aus allen bunten Farben.

Dein Leib ist eine Seele.

Giselheer dem König

Ich bin so allein
Fänd ich den Schatten
Eines süßen Herzens.

– Oder mir Jemand
Einen Stern schenkte –

Immer fingen ihn
Die Engel auf
So hin und her.

Kann nicht beten
Vor Schluchzen.

Und fürchte mich
Vor der schwarzen Erde.
Wie soll ich fort?

Möchte in den Wolken
Begraben sein,
Überall wo Sonne wächst.

Liebe dich so!
Du mich auch?
Sag es doch – – –

Hinter Bäumen berg' ich mich

Hinter Bäumen berg ich mich –

Bis meine Augen
Ausgeregnet haben.

Und halte sie tief verschlossen,
Daß niemand dein Bild schaut.

Ich schlang meine Arme um dich
Wie Gerank;

Bin doch mit dir verwachsen,
Warum reißt du mich von dir?

Ich schenkte dir die Levkoje
Meines Leibes,

Alle meine Schmetterlinge scheuchte ich
In deinen Garten.

Immer ging ich durch Granaten,
Sah durch mein Blut

Die Welt überall brennen
Vor Liebe.

Schlage mit der Stirn nun
Meine Tempelwände düster.

Du falscher Gaukler,
Du spanntest ein loses Seil.

Wie kalt nun alle Grüße sind.
Mein Herz liegt bloß,

Mein rot Fahrzeug
Pocht grausig;

Bin immer auf See
O, ich fühl, ich lande nie.

Höre!

Ich raube in den Nächten
Die Rosen deines Mundes,
Daß keine Weibin Trinken findet.

Die dich umarmt,
Stiehlt mir von meinen Schauern,
Die ich um deine Glieder malte.

Ich bin dein Wegrand.
Die dich streift,
Stürzt ab.

Fühlst du mein Lebtum
Überall
Wie ferner Saum?

Lauter Diamant …

Ich hab in deinem Antlitz
Meinen Sternenhimmel ausgeträumt.
Alle meine bunten Kosenamen
Gab ich dir.
Und legte die Hand
Unter deinem Schritt,
Als ob ich dafür
Ins Jenseits käme.
Immer weint nun
Vom Himmel deine Mutter,
Da ich mich schnitzte
Aus deinem Herzfleische,
Und du so viel Liebe
Launig verstießest.
Dunkel ist es
Es flackert nur noch
Das Licht meiner Seele.

An den Prinzen Benjamin

Wenn du sprichst,
Wacht mein buntes Herz auf.

Alle Vögel üben sich
Auf deinen Lippen.

Immerblau streut deine Stimme
Über den Weg;

Wo du erzählst wird Himmel.

Deine Worte sind aus Lied geformt,
Ich traure, wenn du schweigst.

Singen hängt überall an dir –
Wie du wohl träumen magst?

Aber deine Brauen sind Unwetter ...

In der Nacht schweb ich ruhlos am Himmel
Und werde nicht dunkel vom Schlaf.

Um mein Herz schwirren Träume
Und wollen Süßigkeit.

Ich habe lauter Zacken an den Randen;
Nur du trinkst Gold unversehrt.

Ich bin ein Stern
In der blauen Wolke deines Angesichts.

Wenn mein Glanz in deinem Auge spielt,
Sind wir eine Welt.

Und würden entschlummern verzückt –
Aber deine Brauen sind Unwetter.

Senna Hoy

Seit du begraben liegst auf dem Hügel
Ist die Erde süß.

Wo ich hingehe nun auf Zehen,
Wandele ich über reine Wege.

O, deines Blutes Rosen
Durchtränken sanft den Tod.

Ich habe keine Furcht mehr
Vor dem Sterben.

Auf deinem Hügel blühe ich schon
Mit den Blumen der Schlingpflanzen.

Deine Lippen haben mich immer gerufen,
Nun weiß mein Name nicht mehr zurück.

Jede Schaufel Erde, die dich barg,
Verschüttete auch mich.

Darum ist immer Nacht an mir
Und Sterne schon in der Dämmerung.

Und ich bin unbegreiflich unseren Freunden
Und ganz fremd geworden.

Aber du stehst am Tor der stillsten Stadt
Und wartest auf mich, du Großengel.

Abschied

Aber du kamst nie mit dem Abend –
Ich saß im Sternenmantel.

.... Wenn es an mein Haus pochte,
War es mein eignes Herz.

Das hängt nun an jedem Türpfosten,
Auch an deiner Tür;

Zwischen Farren verlöschende Feuerrose
Im Braun der Guirlande.

Ich färbte dir den Himmel brombeer
Mit meinem Herzblut.

Aber du kamst nie mit dem Abend –
.... Ich stand in goldenen Schuhen.

Bin ja aus einem Märchenbuch
Und muß nun immer weinen.

Gottfried Benn

Der hehre König Giselheer
Stieß mit seinem Lanzenspeer
Mitten in mein Herz.

David und Jonathan

O Jonathan, ich blasse hin in deinem Schoß,
Mein Herz fällt feierlich in dunklen Falten,
In meiner Schläfe pflege du den Mond,
Des Sternes Gold sollst du erhalten,
Du bist mein Himmel mein, du Liebgenoß.

Ich hab so säumerisch die kühne Welt
Fern immer nur im Bach geschaut,
Doch hat mein Träumen sich nicht hold belohnt,
Da sie nun bunt aus meinem Auge fällt
Durch deine Liebe aufgetaut.

O Jonathan, nimm du die königliche Träne,
Sie schimmert weich und reich wie eine Braut.
O Jonathan, du Blut der süßen Feige,
Duftendes Gehang an meinem Zweige,
Du Ring in meiner Lippe Haut.

Durch den ich wieder neu und scheu mich sehne ...
O Jonathan, dein spielerischer Bibelprinz
Nippt sterbend noch von deiner Liebe Minz.

Abschied

Ich wollte dir immerzu
Viele Liebesworte sagen;

Nun suchst du ruhlos
Nach verlorenen Wundern.

Aber wenn meine Spieluhren spielen,
Feiern wir Hochzeit.

– O deine süßen Augen
Sind meine Lieblingsblumen;

Und dein Herz ist mein Himmelreich;
Laß mich hineinschau'n.

Du bist ganz aus glitzernder Minze
Und so weich versonnen .....

Ich wollte dir immerzu
Viele Liebesworte sagen, –

Warum tat ich das nicht?

Weihnacht

Einmal kommst du zu mir in der Abendstunde
Aus meinem Lieblingssterne weich entrückt
Das ersehnte Liebeswort im Munde
Zündet meine weißen Lichte an.
Alle Zweige warten schon geschmückt.

»Wann« – ich frage seit ich dir begegnet – »wann?«
Einen Engel schnitt ich mir aus deinem goldenen Haare
Und den Traum, der mir so früh zerrann.
O ich liebe dich, ich liebe dich,
Ich liebe dich!

Hörst du, ich liebe dich – – –
Und unsere Liebe wandelt schon Kometenjahre,
Bevor du mich erkanntest und ich dich.

Am fernen Abend

Du bist so weit von mir entfernt
Am Abend zwischen deinen Freunden;
Meist ist das Dunkel über uns entsternt ...
Dann leide ich wie unter Feinden.
Doch glühen die Lichte in den Wolkenzweigen,
So sind sie alle unser Eigen.

Und manchmal kommt ganz weich die Luft
Und streichelt meine und dann deine Wange.
Und deine Stimme ist es, die mich ruft,
Aus allen Stimmen gleitend, in der Halle.
– Und mich umarmen viele Himmel in dem Schalle.

Ich finde aber auch in deinen Augen keine Rast
Und keinen Trost im stummen Zuspruch deiner Reden –
Ich fiel der Liebe und sie mir zur Last.
Mein letzter Schimmer leuchtet heim den Gast,
Ein stilles Kleinod für jedweden.

Und weiss, dass du alleine lieb mich hast ... ganz alleine.
Und bin ich dir auch unbegreiflich fast,
So sagen all die weichen Worte, dass ich weine.

Ouvertüre

Wir trennten uns im Vorspiele der Liebe,
An meinem Herzen glitzerte noch hell dein Wort –
Und still verklangen wir im Stadtgetriebe,
Im Abendschleier der Septembertrübe
In einem schluchzenden Akkord.

Doch in der kurzen Liebesouvertüre,
Entschwanden wir von dieser Erde fort,
Durch Paradiese bis zur Himmelstüre,
Und es bedurfte nicht der ewigen Liebesschwüre,
Und nicht der Küsse blauer Zaubermord.

Und meiden doch seitdem uns wie zwei Diebe –
Und nur geheim betreten wir den Ort,
Wo uns vergoldete – die Liebe.
Bewahren wir sie, daß sie nicht erfriere,
Oder im Alltag blinder Lust verdorrt.
Ich weinte bitterlich – wenn ich es einst erführe.

⟨*Wir stehen längst geknickt wo angelehnt*⟩

Wir stehen längst geknickt wo angelehnt,
Am grauen Steine einer alten Mauer,
So ausgelöscht und haben uns gesehnt,
Nach einem einzigen Lichtchen in der Weltentrauer.
Wie nie auf einmal standen wir im Glanz ...
Und unsere feierlichen Aeste hingegeben,
Verklangen ineinander wie ein Tempeltanz.
Was soll ich weiter – und auch du – mit deinem Leben,
Lichtlosem Dasein, das hell über Nacht – und –
umgebracht –
Mit deinem funkelte noch eben.

Die Verscheuchte

Es ist der Tag in Nebel völlig eingehüllt,
Entseelt begegnen alle Welten sich –
Kaum hingezeichnet wie auf einem Schattenbild.

Wie lange war kein Herz zu meinem mild ....
Die Welt erkaltete, der Mensch verblich.
– Komm, bete mit mir – denn Gott tröstet mich.

Wo weilt der Odem, der aus meinem Leben wich? –
Ich streife heimatlos zusammen mit dem Wild
Durch bleiche Zeiten träumend – ja, ich liebte dich.

Wo soll ich hin, wenn kalt der Nordsturm brüllt –?
– Die scheuen Tiere aus der Landschaft wagen sich –
Und ich – vor deine Tür, ein Bündel Wegerich.

Bald haben Tränen alle Himmel weggespült,
An deren Kelchen Dichter ihren Durst gestillt,
Auch du und ich.

Und deine Lippe, die der meinen glich,
Ist wie ein Pfeil nun blind auf mich gezielt –.

Es kommt der Abend …

Es kommt der Abend und ich tauche in die Sterne,
Daß ich den Weg zur Heimat im Gemüte nicht verlerne.
Umflorte sich auch längst mein mich vertriebenes Land.

Es ruhen unsere Herzen liebverwandt,
Gepaart in einer Schale: Weiße Mandelkerne.

…. Ich weiß Du hältst wie früher meine Hand
Verwunschen in der Ewigkeit der Ferne –
Ach meine Seele rauschte, als dein Mund – es mir
gestand.

⟨*Komm mit mir in das Cinema*⟩

Komm mit mir in das Cinema,
Dort findet man, was einmal war:
Die Liebe!

Liegt meine Hand in deiner Hand
Ganz übermannt im Dunkel,
Trompetet wo ein Elefant
Urplötzlich aus dem Dschungel –

Und schnappt nach uns aus heißem Sand
Auf seiner Filmenseide
Ein Krokodilweib, hirnverbrannt,
Dann – küssen wir uns beide.

Herbst

Ich pflücke mir am Weg das letzte Tausendschön .....
Es kam ein Engel mir mein Totenkleid zu nähen –
Denn ich muss andere Welten weiter tragen.

Das ewige Leben – »dem«, der viel von Liebe weiss
zu sagen.
Ein Mensch der »Liebe« kann nur auferstehen!
Hass schachtelt ein! wie hoch die Fackel auch mag
schlagen.

Ich will dir viel viel Liebe sagen –
Wenn auch schon kühle Winde wehen,
In Wirbeln sich um Bäume drehen,
Um Herzen, die in ihren Wiegen lagen.

Mir ist auf Erden weh geschehen .....
Der Mond gibt Antwort dir auf deine Fragen.
Er sah verhängt mich auch an Tagen,
Die zaghaft ich beging auf Zehen.

Und

Und hast mein Herz verschmäht
In die Himmel wärs geschwebt
Selig aus dem engen Zimmer!

Wenn der Mond spazieren geht,
Hör ichs pochen immer
Oft bis spät.

Aus Silberfäden zart gedreht
Mein weiss Gerät –
Trüb nun sein Schimmer.

Ein Liebeslied

Komm zu mir in der Nacht – wir schlafen
engverschlungen.
Müde bin ich sehr, vom Wachen einsam.
Ein fremder Vogel hat in dunkler Frühe schon gesungen,
Als noch mein Traum mit sich und mir gerungen.

Es öffnen Blumen sich vor allen Quellen
Und färben sich mit deiner Augen Immortellen .....

Komm zu mir in der Nacht auf Siebensternenschuhen
Und Liebe eingehüllt spät in mein Zelt.
Es steigen Monde aus verstaubten Himmelstruhen.

Wir wollen wie zwei seltene Tiere liebesruhen
Im hohen Rohre hinter dieser Welt.

Ich liebe dich .....

Ich liebe dich
Und finde dich
Wenn auch der Tag ganz dunkel wird.

Mein Lebelang
Und immer noch
Bin suchend ich umhergeirrt.

Ich liebe dich!
Ich liebe dich!
Ich liebe dich!

Es öffnen deine Lippen sich .....
Die Welt ist taub,
Die Welt ist blind

Und auch die Wolke
Und das Laub –
– Nur wir, der goldene Staub
Aus dem wir zwei bereitet:
– Sind!

In meinem Schosse

In meinem Schosse
Schlafen die dunkelen Wolken –
Darum bin ich so traurig, du Holdester.

Ich muss deinen Namen rufen
Mit der Stimme des Paradiesvogels
Wenn sich meine Lippen bunt färben.

Es schlafen schon alle Bäume im Garten –
Auch der nimmermüde
Vor meinem Fenster –

Es rauscht der Flügel des Geiers
Und trägt mich durch die Lüfte
Bis über dein Haus.

Meine Arme legen sich um deine Hüften,
Mich zu spiegeln
In deines Leibes Verklärtheit.

Lösche mein Herz nicht aus –
Du den Weg findest –
Immerdar.

Dem Holden

Ich taumele über deines Leibes goldene Wiese,
Es glitzern auf dem Liebespfade hin die Demantkiese
Und auch zu meinem Schosse
Führen bunterlei Türkise.

Ich suchte ewig dich – es bluten meine Füsse –
Ich löschte meinen Durst mit deines Lächelns Süsse.
Und fürchte doch, dass sich das Tor
Des Traumes schliesse.

Ich sende dir, eh ich ein Tropfen frühes Licht geniesse,
In blauer Wolke eingehüllte Grüsse
Und von der Lippe abgepflückte eben erst erblühte Küsse.
Bevor ich schwärmend in den Morgen fliesse.

Ich säume liebentlang

Ich säume liebentlang durchs Morgenlicht,
Längst lebe ich vergessen – im Gedicht.
Du hast es einmal mir gesprochen.

Ich weiss den Anfang –
Weiter weiss ich von mir nicht.
Doch hörte ich mich schluchzen im Gesang.

Es lächelten die Immortellen hold in deinem Angesicht,
Als du im Liebespsalme unserer Melodie,
Die Völker tauchtest und erhobest sie.

An Apollon

Es ist am Abend im April.
Der Käfer kriecht ins dichte Moos.
Er hat »so« Angst – die Welt »so« gross!

Die Wirbelwinde hadern mit dem Leben,
Ich halte meine Hände still ergeben
Auf meinem frommbezwungenen Schoss.

Ein Engel spielte sanft auf blauen Tasten,
Langher verklungene Phantasie.
Und alle Bürde meiner Lasten,
Verklärte und entschwerte sie.

Jäh tut mein sehr verwaistes Herz mir weh –
Blutige Fäden spalten seine Stille.
Zwei Augen blicken wund durch ihre Marmorhülle
In meines pochenden Granates See.

Er legte Brand an meines Herzens Lande –
Nicht mal sein Götterlächeln
Liess er mir zum Pfande.

Mein Abschiedsbrief

An Ernest

Ich kann die Augen nicht mehr öffnen weit,
Die einst verschwistert auf und untergingen mit der Zeit.

Auch hat die Dämmerung sie trüb gefärbt
Vom Gold des Lichtes grausamlich enterbt.
– Am Abend klagen die Sterne –
Ernest – – – – –

Ich halte deine Hände fest –
Innigverwachsenes Geäst
Deine und meine beiden.

Es sang ein Vogel heut im Nest
Im Mandelbaume in den Weiden:
Daß ich nicht mehr vor Scham erröte:
Ein weiches Lied von meinen Leiden.
Ernest . . . . .

Sag einmal nur: Ich liebe dich!
Und wenn von deiner Lippe auch
Das blaue Glückskleeblatt verwehte –
Es blühte auf die Trauerrose auf dem Beete
Leuchtend meines Leibes, Ernest.

Bald trägt mich hohe See
In noch verschlafender Früh

Zurück in die verlassenen Städte.
Und niemand säet auf deinem Pfade, Ernest, Poesie.

Und werden uns begegnen, Ernest,
Selbst unsere Erinnerungen, meine
Deinen nie, Ernest .....

Ich aber werde weiterstreifen, Ernest,
Durch nachtergraute Früh.

Es zieht das Pferd den Karren
Schwerbeladenen mit hoffnungsloser Müh –
Und – Peitschenhieben.

Doch es erzählt beim Grasen allem Vieh
Auf dem Rasen von meines Herzens treuen Lieben
Zwischen Weiß und Rotdorn, Ernest.

»Ach niemals meine Hand die deine lässt« –
Hüll »diese« Zeile, Ernest,
In deine Stimme verweile Ernest holder Noten ein ..

Es sammeln Wolken sich aus Wüstensand
Im matten Mondenscheine,
Verschleiern die süße Himmlischkeit der Ferne

Ich lege meinen Kopf auf deine Hand
Sie ist mein Ruheort, mein Heimatland
Und birgt verblasste Träume seltsame, die weinen

⟨*Was hat die Lieb mit der Saison zu tun*⟩

Was hat die Lieb mit der Saison zu tun
Was sollen diese Possen, ...
Ich weiss mir sind im Januar
Die heissesten Thränen geflossen.

⟨*Man muß so müde sein*⟩

Man muß so müde sein
Wie ich es bin
Es schwindet kühl-entzaubert meine Welt
aus meinem Sinn
Und es zerrinnen alle Wünsche tief im Herzen

Gejagt und wüßte auch nicht mehr wohin
Verglimmen in den Winden alle Kerzen
Und meine Augen sehen alles dünn.

Dich lasse ich zurück mein einziger Gewinn
Und bin zu müde dich zu küssen und zu herzen

Nachwort

Else Lasker-Schüler verschwindet hinter dem Bild, das sie von sich erschaffen hat. Aber auch ihre Anbeter haben eine Puppe aus ihr gemacht, eine mit bunten Fetzen und falschem Schmuck behängte Ikone, die grelle und dunkle Wörter hinterlassen hat, dunkel genug, um eine Menge Platz für allerlei exaltierte Interpretationen zu lassen. Ihre Kindheit liegt in einem Halbschatten, der sich im Lauf der Zeiten vertieft hat. Aber das tun Kindheiten von Dichtern eigentlich immer, und vielleicht ist es ja auch gar nicht so wichtig, welche Wirklichkeit der Brunnen war, aus dem so große Dichtung geholt wurde. Aus Elberfeld wird Theben, aus einem Urgroßvater der *Rabbuni,* der mit dem strömenden Herzen.

Wahrscheinlich ist ihr schon früh aufgegangen, daß man mit Hilfe von Träumen und Bildern eine ganze Menge aus seinem Leben machen kann. Die bürgerliche Wirklichkeit einer deutschen Kleinstadt im letzten Drittel des neunzehnten Jahrhunderts: ziemlich enge Wohnungen, Respekt vor den Eltern, du bist ein Mädchen, gestärkte Schürzen und Kragen, Klo auf dem Zwischenstock, samstägliche Langeweile, Sehnsucht. Else Schüler hat offenbar Glück mit ihren Eltern, die sie nicht verbogen oder zum Schweigen gebracht haben. Sie wird beide in das bunte Geflecht ihrer Texte und erfundenen Welten einweben, vor allem die Mutter.

Das Leben kann nur verkleidet ertragen werden und die Liebe sowieso.

Die Liebe ist der ewig feuerspeiende Vulkan, aus dem Gedichte fließen, seit es Literatur gibt. Die meisten versteinern im Lauf der Zeit und werden kalt, nur wenige behalten ihre Hitze. Das trifft für die ihren zu, aber das allein berechtigt noch nicht dazu, eine willkürliche Auswahl von Liebesgedichten aus ihrem Gesamtwerk herauszubrechen, das, nimmt man es im umfassenden Sinn, aus gar nichts anderem besteht als aus Begegnungen mit der Liebe. Die hier versammelte Hundertschaft von Gedichten ist auf ein Du, ein begehrtes und geliebtes Gegenüber gerichtet. Nicht auf Gott, Mutter oder Engel, obwohl die Objekte ihrer Liebe durchaus Gleichsetzungen mit Göttern aushalten müssen. Oder sich als Engel fühlen dürfen, Bewohner von Reichen, die nicht von dieser Welt sind.

Nicht nur die Liebende verkleidet sich, auch die geliebten *sujets* werden verkleidet und geadelt. Wer davon nach vielen Jahren liest, könnte plötzlich erschrecken: Wie ist seither die Liebe geworden, wie drückt sie sich aus, wie überfällt sie den oder die Begehrten? Welche Wörter macht sie? Oder ist sie verstummt, vertrocknet, hinter den Zäunen des Zynismus verschwunden, in Schlagertexten erstickt?

Else Lasker-Schülers Liebesgedichte zeigen, wie rücksichtslos die Liebe sein muß, wie anstrengend und fordernd. Und daß keine der anderen gleicht. Liebe ist der einzige Beweis für die Einzigartigkeit des einzelnen.

Diese Einzigartigkeit, das Herausgehobensein hat bei Else Lasker-Schüler eine große Rolle gespielt. Sie hat auch die von ihr Begehrten mit heraus- und emporgerissen, mehr als das ein bürgerlich Liebender jemals zu träumen wagt. Es geht nicht ohne Gewalttätigkeit, ohne Zwang ab, dieses Herausreißen eines angebeteten Wesens aus der alltäglichen Unsichtbarkeit! Wahrscheinlich bringen deswegen sie und ihr Werk Menschen bis zum heutigen Tag in Verlegenheit.

Die Lasker-Schüler hat es mit ihrem Ringen um Besonderheit nicht bei der Literatur bewenden lassen, sie wollte ihre sonder- und wunderbare Orient-, Götter- und Adelswelt für jeden sichtbar am Leibe tragen.

Noch heute wird ihrem Auftreten fast mehr Aufmerksamkeit und Neugier gewidmet als ihrem Werk, und sie ist die einzige deutsche Dichterin, von der ich mir vorstellen könnte, daß man einen *look* nach ihr benennt. Einen im übrigen, der immer wiederkehrt und eisige Zeiten von Verachtung unbeschadet übersteht.

Die Welt der orientalischen Märchen und der geheimnisvolle Glanz dessen, was sie als *hebräisch* bezeichnet, ist trotz mannigfacher Mordversuche nicht untergegangen. Gemeint sind hier nicht nur Verfolgung und Vernichtung durch die Nazis. Auch die Marschtritte der Moderne, der Sachlichkeit, des Rationalismus vermochten nicht, das schöne Universum ihrer Gedichte dauerhaft zu zertrampeln.

Sie trug Samtjäckchen, Pluderhosen, billige Glitzerklunker und Brokat. Sie scheute sich nicht, mit Stern und Mond, Gold und Blau zu spielen. Ihre Gedichte tragen die Farben der alten Buch- und Ikonenmaler. Man hat ihr schon zu Lebzeiten vorgeworfen, nicht politisch zu sein – es ist allerdings bis zum heutigen Tage nicht bewiesen, daß Resolutionen oder Pamphlete besser gegen Barbarei helfen als Träume und Liebe.

Wie auch immer: Ihr den Unwillen vorzuwerfen, in ihren Gedichten die Stimme zum Kampf gegen die Mörderbande zu erheben, ist wie der Vorwurf gegen eine Schwalbe, daß sie nicht schwimmen kann. Sie hat es sich ja nicht ausgesucht, daß es sie immer wieder packt und *schüttelt wie die Eichen im Gebirg* – so nennt das Gefühl Sappho, eine nur zeitlich entfernte Verwandte. Natürlich war eine wie sie befremdlich, auch mitten in einer vielfältigen Boheme und als Nutznießerin einer Zeit, in der Künstler sich nicht nur deshalb Verrücktheit leisteten, weil sie gut dafür bezahlt wurden. Genaugenommen wurden sie alle nicht besonders gut bezahlt, und genaugenommen war ihr Theben ein armes Land. Aber wenn man sich dort aufhielt, und das in der richtigen Gesellschaft, merkte man nichts von Krieg, politischem Wetterleuchten oder Geldsorgen. Wen die Dichterin in ihre Königreiche und magischen Städte ließ, konnte sich auf was gefaßt machen: Für die Zeit der Liebe war es aus mit Mittelmaß, Nachlässigkeit oder Mißmut. Alle Liebenden pflegen das Geliebte in einen adligen Zustand zu versetzen, aber keine tat das so gründlich und prachtvoll wie sie. Wenn es eine freundliche Pandora gäbe, in deren unerschöpflicher Wörterbüchse die leuchtenden Attribute und Wünsche nicht ausgingen, wäre sie das gewesen. *Südenbraun* ist die Wange des Geliebten, *sehnende Rosen* schickt er, aus *wildem Gold* ist sein Haar. Es sind Sommernächte, und alle Sterne und Monde sind nur für diese einzige Liebe da. Und für die nächste und die übernächste einzige und einmalige

Liebe. Denn ihre Seele *friert vor Hunger*. Wie *nordische Meereswellen* sind die Arme des Geliebten.

Und all die unvergleichlichen Orte, die sie als Wohnort für Liebe und Liebesleid ersinnt! Sphinxgestein und Smyrnateppiche, goldene Mauern zuhauf und Lenznächte voller Malvenblüten und Hyazinthenträume.

Kein Alltag, nirgends.

Kein Grau, kein Verzicht auf Glanz und Pracht, auch nicht im Leid, grade da nicht:

Durch alle Sümpfe schleift' ich mein verhungert Glück,
Und warf mich müd dem Satan in die Arme.

Düster wird die Welt, wenn das Rot und Gold der Liebe vergangen ist – aber nicht arm. Die Dichterin hört auch im Leid nicht auf, die Welt zu illuminieren, und das ist das Großartige an ihr. Vielleicht hat aber grade das ihre Zeitgenossen, auch manche Objekte ihrer Leidenschaft in Verlegenheit versetzt und in die Flucht getrieben.

Wer konnte und kann schon ertragen, so vergöttert zu werden, so in den Mittelpunkt eines poetischen Universums zu geraten? Zu Else Lasker-Schülers Zeiten hatte der Expressionismus dem Pathos Platz und Atem verschafft – seither ist der Kunst das Pathetische immer von neuem ausgetrieben worden. Es wird aber gebraucht, wie man daran sieht, daß Poeten, die sich nicht davor gefürchtet haben, jung zu bleiben scheinen.

Nicht für jeden: Schon zu ihren Lebzeiten hat es welche gegeben, die gegen ihre Attitüde und ihr Werk immun waren und die sie durch ihre Exaltiertheit und das immer präsente *große Gefühl* nervös gemacht hat. Kafka zum Beispiel hat sie nicht gemocht, er langweilte sich bei ihren Gedichten und attestierte ihnen einen *künstlichen Aufwand*. Ihm wird mehr als fremd gewesen sein, daß sich da eine aus Armut und vielfacher Begrenztheit mit Wörtern herausgeholfen hat, hinein in jenes Theben, das man, bewohnt man es erst einmal, nicht mehr so leicht verlassen kann. Sein Schloß war sehr anders geartet als ihre goldenen Orte. Ihre Freunde aber beteten sie auch nicht kritiklos an, dazu muß sie zu anstrengend gewesen sein.

Einer von ihnen, der Schauspieler Ernst Ginsberg, erinnert sich an sie und ihre unbedingte, zutiefst antiintellektuelle Hingabe an die Inspiration, er entsinnt sich ihrer Worte, daß es im Dichter dichte, denn der Dichter könne sich nichts aussuchen, der fertige Vers, ob rauh wie eine Nuß oder süß wie ein Paradiesapfel, falle ihm in den Schoß, genau wie eine Birne reif vom Zweig auf den Rasen falle. *Die Dichtung*, sagt sie, *ist ja die betreuende Liebe selbst, man kann nicht genug von ihr pflücken*. Von der Dichtung nicht und von der Liebe, ihrem Synonym, auch nicht.

Ginsberg beschreibt die exzentrische Erscheinung der Dichterin, aber auch die Wahrhaftigkeit, die er in ihr fand, und ihre Begabung, Ereignisse, die jeder mit Fug für erfunden und erdichtet halten würde, tatsächlich auf sich zu ziehen. In seinem Buch *Abschied* zählt er eine ganze Reihe skurriler und auch etwas unheimlicher Begebenheiten auf, in deren Mittelpunkt sie stand, und er verschweigt auch nicht ihren Wuppertaler Dialekt, der zum Prinzen von Theben vielleicht nicht ganz gepaßt hat.

»Bitte jehn Se wech! jehn Se wech! Wissen Se, für mich is jeder Mensch en Buch, un eck kann jetz nich lesen!«

So hatte sie in Berlin im Romanischen Café auf einen Anbeter reagiert, der sich ihrem Tisch mit Lobpreisungen genähert hatte.

Aber war sie wirklich berühmt? In einer sehr überschaubaren Welt war sie es wohl, eine Dichterin für andere Dichter, eine Unverwechselbare, eine besondere Farbe in der notleidenden, gefährdeten und hochmütigen Aristokratie der Poeten. Junge Kollegen verliebten sich in die exotische Gestalt. Wieland Herzfelde, damals fast noch ein Knabe, hatte sie bei einer Lesung erlebt und war von *Jussuf* und ihrer Schönheit begeistert. Damals war sie angeblich achtunddreißig, in Wahrheit aber fünfundvierzig. Seidiges schwarzes Haar, diese riesigen schwarzen Augen, Seidenjacken, Tigerfellmützchen: Seht mich an! sagte das alles.

Und mein Dornenlächeln spielt
Mit Deinen urtiefen Zügen

Wir, ihre Leser, sind Voyeure, wir setzen uns, ihre Gedichte lesend, an die Stelle jener, die sie umworben, angefleht und erhöht hat. Fremd kommt uns die Liebe in ihren Worten vor, auch dem Publikum ihrer Zeit waren ihre Zauberreiche, die dschungelhafte Erotik und die Verbindung zwischen Frömmigkeit und Sinnlichkeit fremd. Das *wilde Land der Sünde,* die *sengende Glut. Rotfunkelnd wie ein Feuermeer, Lust stöhnt wie eine Marterklage, der rote Garten der Natur, Rot wie die Liebe der Nacht, die Palmenblätter schnellen wie Viperzungen in die Kelche der roten Gladiolen.*

Dieses wahnwitzige Rot war die Farbe ihrer frühen Jahre. Es leuchtet später nur noch gelegentlich auf, zwischen Gold, ihrer Farbe der Frömmigkeit und des Glücks, und Blau, ihrer magischen Farbe, die sie aber der Liebe selten zuordnet. Auch die *Abendfarben Jerusalems* sind rot, wer sie je gesehen hat, weiß das.

Wir sind ihre Voyeure, auf die der Abglanz ihrer Farben fällt: Man fühlt sich ihren Gedichten gegenüber manchmal feige, manchmal ermattet und ungenügend. Zuviel beige und grau in der Liebe von heute? Zu viel *baby I love you so,* und damit soll man sich zufriedengeben?

Andererseits: Das Zusammenleben mit einer wie ihr kann nicht gutgehen. Sie ist fünfundzwanzig, als sie 1894 den Arzt Jonathan Berthold Lasker heiratet. Fünf Jahre später wird ihr Sohn Paul geboren – dessen Vater nach ihren Angaben mal ein Grieche, mal ein spanischer oder sonst ein Prinz gewesen sein soll –, um die gleiche Zeit trifft sie Peter Hille, den sie weit über seinen frühen Tod im Jahr 1904 hinaus liebt. Aber schon 1903, ein halbes Jahr nach ihrer Scheidung von Lasker, heiratet sie Herwarth Walden. Von dem trennt sie sich sieben Jahre später.

Eine beständige Liebe ist die zu ihrem Sohn Paul, dem armen, gefährdeten Päulchen, den sie für ein Genie hält und der so früh wird sterben müssen.

Aus roten Geisteraugen stiert der Tod.

Auch ihm ordnet sie die Liebes- und Leidenschaftsfarbe zu, ihm, den sie gründlich kennenlernen wird. Sie ist über vierzig, als sie einen Magier des Todes trifft und sich in ihn verliebt: den Arzt Dr. Gottfried Benn, der damals seine ersten Gedichte veröffentlicht hat: *Morgue.* Seltsamerweise erkennt die Schöpferin bunter poetischer Traumwelten sofort die den Bennschen Todesgedichten innewohnende Pracht. Zwar sind die *Kleine Aster* und die *Tuberosen* sehr unterschiedliche Blumen, aber sie finden doch zueinander und führen zu einem einzigartigen poetischen Dialog, ein Duell aus stürmischer Werbung und Abwehr, Hingabe, Trauer und Abgrenzung.

Giselheer, der Heide, der König, der Knabe: Er ist ein *Produkt*. Wie der Golem aus Lehm ist dieser aus Liebe gemacht und von der Dichtung beseelt. Der große, vor furchtbaren Irrtümern nicht gefeite Dichter Gottfried Benn wurde in seinen frühen Jahren von der Dichterin Else Lasker-Schüler auf einzigartige Weise zum Blühen gebracht.

An meiner Wimper hängt ein Stern,
Es ist hell
Wie soll ich schlafen –

schreibt sie, und als letzten Satz des kurzen Gedichts ganz einfach

Dein Leib ist eine Seele.

Benn ist, wir wissen es, damit nicht zurechtgekommen, er verteidigte in ebenso schönen Gedichten seine Unabhängigkeit.

Mein Weg flutet und geht allein.

Als ob sie das nicht gewußt hätte!

Kann nicht beten
Vor Schluchzen.

Ein früherer, als solcher wegen der Skrupellosigkeit des männlichen Parts nicht so bekannt gewordener Dialog heißt *West-östlicher Divan*. Die weibliche Stimme, Marianne von Willemer, von Goethe einfach vereinnahmt, hat sich von dieser Liebe bis an ihr Lebensende nicht erholt.

Giselheer, Dr. Benn, der *falsche Gaukler, der ein loses Seil spannte,* hat eine Rede auf sie gehalten, da war sie schon sieben Jahre tot. Er sagte:

»Es war 1912, als ich sie kennenlernte. [...] Frau Else Lasker-Schüler wohnte damals in Halensee in einem möblierten Zimmer, und seitdem, bis zu ihrem Tode, hat sie nie mehr eine eigene Wohnung gehabt, immer nur enge Kammern, vollgestopft mit Spielzeug, Puppen, Tieren, lauter Krimskrams. Sie war klein, damals knabenhaft schlank, hatte pechschwarze Haare, kurzgeschnitten, was zu der Zeit noch selten war, große rabenschwarze bewegliche Augen mit einem ausweichenden unerklärlichen Blick. Man konnte weder damals noch später mit ihr über die Straße gehen, ohne daß alle Welt stillstand und ihr nachsah: extravagante weite Röcke oder Hosen, unmögliche Obergewänder, Hals und Arme behängt mit auffallendem, unechtem Schmuck, Ketten, Ohrringen, Talmiringen an den Fingern, und da sie sich unaufhörlich die Haarsträhnen aus der Stirn strich, waren diese, man muß schon sagen: Dienstmädchenringe, immer in aller Blickpunkt.«

In diesem Text scheint jener etwas spießige und dem evangelischen Pfarrhaus verhaftete Herr hindurch, diese andere Hälfte des Zwiegesichts, das Benn zeit seines Lebens hatte. Erst kürzlich enthüllte eine späte Gefährtin noch mehr von jenen Seiten, auf die seine Verehrer gern verzichtet hätten: den der: Nur nicht auffallen! sagte und sich Gedanken um Zugkarten zweiter Klasse, Bier und warme Unterwäsche machte.

Aber derselbe Mephisto mit der Bürgerseele sagt in der gleichen Rede weiter:

»Und dies war die größte Lyrikerin, die Deutschland je hatte. [...] Ihre Themen waren vielfach jüdisch, ihre Phantasie orientalisch, aber ihre Sprache war deutsch, ein üppiges, prunkvolles, zartes Deutsch, eine Sprache reif und süß, in jeder Wendung dem Kern des Schöpferischen entsprossen. Immer unbeirrbar sie selbst, fanatisch sich selbst verschworen, feindlich allem Satten, Sicheren, Netten, vermochte sie in dieser Sprache ihre leidenschaftlichen Gefühle auszudrücken, ohne das Geheimnisvolle zu entschleiern und zu vergeben, das ihr Wesen war.«

Der Freund und Bewunderer hat sie enthusiastisch zum Kleist-Preis beglückwünscht, den sie 1932 bekam, ausgerechnet sie, im letzten Jahr vor der großen Katastrophe. Irgendwie war sie eine alte Frau geworden, zunächst fast unbemerkt, zumal sie ja ihr wirkliches Alter nicht eingestand und ihre Leidenschaft, ihr entschlossener Schönheitswille den Schwung behielten. Und es wurde viel von ihr gefordert: Palästina, das Hebräerland, war nicht mehr Traum und Dichtung, sondern bald letzte Zuflucht.

1933 ging sie in die Schweiz, mußte das demütigende Hin und Her mit der Aufenthaltserlaubnis ertragen, wenn sie der *Fremdenpolizeilichen Weisung* gefolgt wäre, hätte sie nicht einmal dichten dürfen, denn sie hatte ihre Erwerbstätigkeit mit *Dichterin* angegeben. Sie verdiente ein bißchen Geld im Rundfunk und wurde da und dort eingeladen. 1934 reiste sie dann zum erstenmal nach Palästina. Zurück in der Schweiz, führte sie weiter das schwere, unstete und geängstigte Leben einer mittellosen alternden Emigrantin.

Es blieb ihr nicht erspart, für die Außenwelt lächerlich zu werden. Die Tragödie der Extravaganten, derer, die sich gern in Rollen bewegt haben und denen das Alter keine neuen schreibt.

Sie sei ungepflegt gewesen, heißt es, Jussuf von Theben war ein kleines, mißtrauisches Lumpenmuttchen geworden. Ob sie es bemerkt hat? Ich glaube nicht. Ich glaube, daß sie weiter unangefochten ihre Königreiche aus Poesie bewohnte, umgeben von Rot, Gold und Blau, von einem wörtergestirnten ewigen Himmel überwölbt. Ich hoffe es jedenfalls.

Noch immer trug sie die Narrenkappe der Unpolitischen – aber ihr Freund Ernst Ginsberg, Emigrant auch er, zitiert sie mit den Worten: »Glauben Se mir, lieber Kaplan« (dieser Name *Kaplan,* mit dem sie den Juden Ginsberg ab ihrer ersten Begegnung im Romanischen Café in Berlin ansprach, war ein merkwürdiges Zeichen für ihre Hellsicht – sie hatte keine Ahnung, daß Ginsberg die Absicht hatte zu konvertieren, denn er hatte wegen der Verfolgung durch die Nazis fürs erste innerlich von dem Plan Abstand genommen). »Lieber Kaplan«, sagte sie also, »wir dürfen uns mit Hitler jar keene Illusionen machen. Der is nich zu stürzen. Nur die Jeneräle! die Jeneräle! die sin unsere einzige Chance!« Hellsichtig auch das, zumal für eine, die man als große Träumerin und nicht von dieser Welt ein bißchen verachtete.

Sie wurde wieder nach Palästina eingeladen, und Ginsberg erinnert sich daran, was sie ihm beim ersten Mal gesagt hatte:

»Wat sagn Se, Kaplan, nu hab eck mein Leben lang von Israel jedichtet. Un nu komm eck wirklich hin. Denken

Se, wenn eck morjens aufwache, un dann hör eck draußen ›klingling‹, ›klingling‹, ›klingling‹, un dann jehn unten richtje Kamele vorbei – oder glauben Se, et jibt jar keene mehr un eck bin dat einzje?«

Auch in Jerusalem machte sie Lesungen, in ihrem mehr und mehr befremdlichen Aufzug, sie unterstrich ihren Vortrag wie schon in den zwanziger Jahren in Berlin mit Glokkenspiel und Orgel. Ein Bild aus dieser Zeit zeigt den Prinzen von Theben nur noch als ferne Erinnerung, eine Frau mit tiefen Falten, den Blick nach oben gerichtet, hart und voll von jenem Mißmut, den Einsamkeit und Alter mit sich bringen. Eine merkwürdige Mütze, Truthahnhals, zu greller, geschmackloser Schal. Aber dann ein anderes: Ganz dieselbe, aber den Blick voll auf uns, ihre Betrachter und Voyeure, gerichtet: Und nichts ist mehr wichtig außer diesen großen schwarzen Augen, so schwarz, daß die Pupillen nicht mehr sichtbar sind.

Natürlich verliebt sie sich immer wieder, natürlich hört sie nicht auf, die Objekte ihrer Liebe mit in das wunderbare Land ihrer Dichtung zu nehmen und ihnen dort großartige Würden zu verleihen. Sie kann ja gar nicht anders.

Ich liebe dich
Und finde dich
Wenn auch der Tag ganz dunkel wird.

Aber die Liebe macht die Tage nicht hell. Sie, die sich selber eine *Verscheuchte* nennt, geht doch wieder zurück in die Schweiz, arbeitet, wird publiziert, wenn auch in sehr bescheidenem Rahmen. Sie arbeitet auch fürs Theater, was aber mit Schwierigkeiten verbunden ist.

Ich glaube nicht, daß ihr der Heimatverlust in gleichem Maße zusetzte wie vielen anderen Emigranten. Sie hatte in besonderem Sinne ihr portables Vaterland bei sich, nicht nur die Sprache, sondern eben jenes Reich, das sie schon von Beginn ihres Dichtens an besaß. Sie wird gewußt haben, daß ihres das wahrhaft tausendjährige war! Und dessen Einwohner auch aus Staub gemacht sind, wie alles Lebendige, aber eben aus *goldenem Staub.*

Lösche mein Herz nicht aus –
Du den Weg findest –
Immerdar.

Sie ist wohl nicht nur aus Notwendigkeit bedürfnislos, sondern auch wegen dieses unsichtbaren Fürstentums, über das sie gebietet. Ein Herzstück dieses Fürstentums ist ihr Elternhaus, aber ein traumverändertes, papierenes Elternhaus. So eins kann man an jeden Ort der Welt ohne Mühe mitnehmen.

In Zürich hat sie auch nur ein Zimmer und ihren Tand, den Benn schon so indigniert beschrieben hat. Sie kauft Süßigkeiten für fremde Kinder und liebt es, ins Kino zu gehen. Film kommt ihr sehr entgegen, in ihm ist Liebe unveränderbar, die schönen schwarzweißen Gesichter altern nicht. Sie als Nicht-Intellektuelle hat eine ganz unverkrampfte Beziehung zu dieser noch nicht versteinerten Kunst, und sie benutzt in ihren Stücken durchaus filmische Methoden.

Eigentlich will sie 1939 nur für ein paar Monate nach Palästina gehen, aber der Beginn des Krieges verhindert ihre Rückkehr. Sie muß in dem Land bleiben, von dem sie weiß, daß es dem von ihr gedichteten nicht gleicht.

Giselheer, der sich sternenweit von ihr entfernt hat und seinen Irrtümern zum Opfer fällt – wenn auch nicht für lange Zeit –, hat nach ihrem Tod Nachdenkliches und Bedenkenswertes über ihr Leben im Hebräerland gesagt:

»Das Jüdische und das Deutsche in einer lyrischen Inkarnation! Und damit berühre ich ein Thema, über das ich oft nachgedacht und auch oft mit ihr gesprochen habe. Es war auffallend, daß ihre Glaubensgenossen nicht das in ihr sahen oder sehen wollten, was sie ihrem Range nach war. Der Grund hierfür liegt in dem innersten Wesen der Lasker-Schülerschen Dichtung. Diese hatte einen exhibitionistischen Zug, daran ist kein Zweifel, sie exponierte ihre schrankenlose Leidenschaftlichkeit, bürgerlich gesehen, ohne Moral und ohne Scham. Anders ausgedrückt: sie nahm sich die großartige und rücksichtslose Freiheit, über sich allein zu verfügen, ohne die es ja Kunst nicht gibt.«

Man habe ihr das zwar zugebilligt, sich aber damit nicht identifizieren wollen. Benns Bedauern über das Unverständnis der Juden ihrer großen Tochter gegenüber ist mir ein bißchen verdächtig. Das Leidenschaftliche, die zu Kunst gewordene Passion in mehr als einem Sinn, muß immer damit rechnen, von den Lauen abgelehnt zu werden. Wer von uns, von ihren Lesern würde ihre Art zu lieben aushalten – im aktiven wie im passiven Sinn? Der Dichter, sagt Kierkegaard, verzerre den Mund vor Schmerz, und das Publikum fordere ihn zum Weitersingen auf. Auf keine paßt das Bild besser als auf den *schwarzen Schwan*. Wir haben sie immer zum Weitersingen aufgefordert und im stillen dafür gedankt, daß wir so nicht fühlen müssen. Oder? Wollten wir doch manchmal den Preis für den Eintritt in ihre goldenen Welten *zwischen Weiß und Rotdorn* bezahlen? Wissend, daß der Eingang längst zugewuchert ist vom Gestrüpp der Banalität?

Sie hat sich in Jerusalem natürlich noch einmal verliebt, wie so oft in ihrem Leben erst in Wörter und dann in den, der sie gemacht hat. Der letzte Stern am Götterhimmel ihrer Liebe war Ernst Simon, den sie durch seine Übersetzungen der Gedichte Chajim Nachman Bialiks kennengelernt hatte. Noch einmal werden wunderbare Gedichte Kinder ihrer Liebe: Er ist *Ernest* und *Apollon*. Noch einmal scheut sie sich nicht, Anbetung und sinnliche Aufforderung zu vermischen, im Gedicht und in der Liebe ist sie eben nicht alt.

Er legte Brand an meines Herzens Lande –

Aber müde wird sie dann doch.

Gejagt und wüßte auch nicht mehr wohin
Und bin zu müde dich zu küssen und zu herzen

Das Hebräerland, die geliebte und schwierige Fremde, wird ihr Abschiedsland, von der Liebe und vom Leben. Im Januar 1945 stirbt sie.

Liebe ist aus unserer Liebe vielfältig erblüht.
Wo mag der Tod mein Herz lassen?

Inhalt